Impressum
Verlag: BABADADA GmbH, Nedderfeld 112 , 22529 Hamburg
Geschäftsführer / Verlagsleitung: Harald Hof
Druck: Books on Demand GmbH, In de Tarpen 42, 22848 Norderstedt

Imprint
Publisher: BABADADA GmbH, Nedderfeld 112 , 22529 Hamburg, Germany
Managing Director / Publishing direction: Harald Hof
Print: Books on Demand GmbH, In de Tarpen 42, 22848 Norderstedt

בית ספר

ቤት-ትምህርቲ

כיתה
ክፍሊ ክላስ
חילק
186/2
לוח
ሰሌዳ
ቀጽሪ ቤት-ትምህርቲ
מורה
መምህር
נייר
ወረቐት
כתב
ጸሓፈ
עט
שולחן עבודה
ጣውላ ምጽሓፍ
סרגל
መስመር
ספר
መጽሓፍ
תלמיד
ተመሃራይ

ילקוט

ሳንጣ ትምህርቲ

קלמר

ሰፈር ብርዒ

עיפרון

ርሳስ

מחדד

መብልሒ ርሳስ

גומי מחיקה

መደምሰሲ

חוברת סרטוט

ጥራዝ ስእሊ

2

בית ספר - ቤት-ትምህርቲ

קופסת צבעים

....

ቦክስ ቀለም

מברשת

....

ብርዒ ቀለም

סרטוט

....

ስእሊ

ספר תרגול

....

ጥራዝ መላመዲ

דבק

....

መጣበቒ

מספריים

....

መቐስ

חיבר

....

ወሰኸ

מספר

....

ቁጽሪ

שיעור בית

....

ዕዮ ገዛ

חישב

....

ደመረ

הכפיל

....

ረብሐ

חיסר

....

ጎደለ

hello

מילה

....

ቃል

ABCDEFG
HIJKLMN
OPQRSTU
VWXYZ

אלפבית

....

ስርዓት ፊደላት

A

אות

....

ፊደል

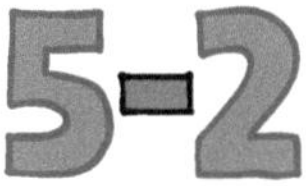

גיר

ኲርሽ

קרא

ኣንበበ

טקסט

ጽሑፍ

מבחן

መርመራ

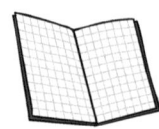

יומן נוכחות

መዝገብ ክላስ

שיעור

ሰዓት

חינוך

ትምህርቲ

תלבושת בית ספר

ድቢዣ ቤትትምህርቲ

תעודה

ሰርቲፊከት

מיקרוסקופ

ሚክሮስኮፕ

אוניברסיטה

ዩኒቨርሲቲ

אנציקלופדיה

ለክሲኮን

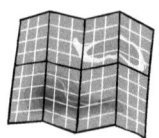

סל נייר

ጎሓፍ ወረቐት

מפה

ካርታ

Grand
מלון
הוסטל
ሆስተል
המרת מטבע
מזוודה
ባሊጃ
אוטו
መኪና

בסדר

ሕራይ

כן / לא

እወ / ኖ

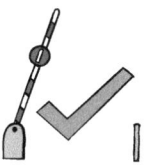

שפה

ቋንቋ

תודה

የቐንየለይ

מתרגם

ኣስተርጓሚ

שלום

ሰላም

בעיה

ሽግር

אני לא מבין

ኣይተረድኣኹን

כמה עולה.....?

. . . ክንደይ ዋግኡ?

לילה טוב!

ሰላም ለይቲ

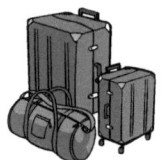

בוקר טוב!

ከመይ ሓዲርካ

ערב טוב!

ሰላም ምሸት!

כבודה

ጉዓዝ

כיוון

ኣንፈት

להתראות

ደሓን ኩን

אורח

ጋሻ

תרמיל גב

ሳንጣ ሕቖ

תיק

ሳንጣ

אוהל

ቴንዳ

שק שינה

ክሻ መደቀሲ

חדר

ክፍሊ

כרטיס אשראי

....

ክረዲት ካርድ

חוף ים

....

ገምገም ባሕሪ

מרכז מידע לתיירים

....

ሓበሬታ በጻሕቲ ሃገር

ארוחת ערב

....

ድራር

ארוחת צהריים

....

ምሳሕ

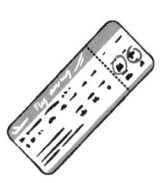

ארוחת בוקר

....

ቁርሲ

בול

....

ማሕተም ደብዳበ

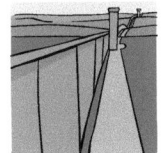

מעלית

....

ሊፍት

כרטיס

....

ቲኬት

שגרירות

....

ኣምበሲ

מכס

....

ድጓና

גבול

....

ዶብ

דרכון

....

ፓስፖርት

אשרה

....

ቪዛ

תחבורה

መጓዓዝያ

מטוס
ነፋሪት
אונייה
መርከብ
כבאית
መኪና መጥፍኢ ሓዊ
אוטובוס
משאית
ናይ ጽዕነት መኪና
סירת מנוע
אופניים
ብሽግለታ
אוטו
መኪና

אופנוע

ሞቶ

סירה

ጀልባ

מעבורת

ፈሪ

רכב שכור

ክራይ መኪና

מכונית מרוץ

መኪና ቅድድም

ניידת משטרה

መኪና ፖሊስ

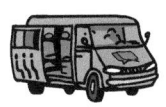

משאית זבל
....
መኪና ጎሓፍ

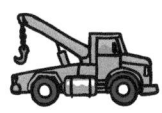

אוטו גרר
....
መወሰዲ መኪና

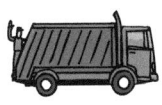

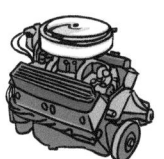

מכוניות בשיתוף
....
ምውፋይ መካይን

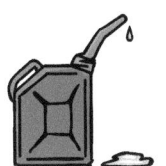

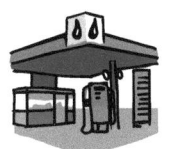

תחנת דלק
....
እንዳ ነዳዲ

דלק
....
ነዳዲ

מנוע
....
ሞቶር

פקק תנועה
....
ምጭቕጫቕ ትራፊክ

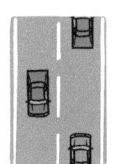

תנועה
....
ትራፊክ

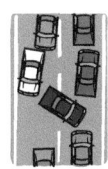

תמרור
....
ምልክት ትራፊክ

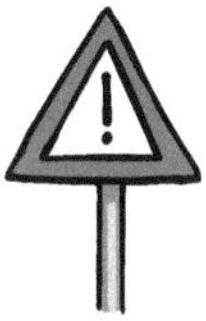

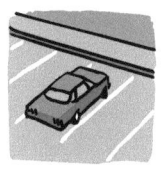

פסי רכבת
....
ሓዲግ

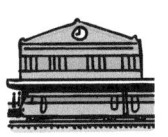

תחנת רכבת
....
መዕረፊ ባቡር

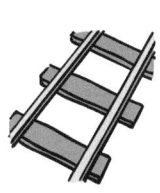

חניה
....
መዐሸጊ መኪና

קרון
....
ባጎኒ

רכבת קלה
....
ትረም

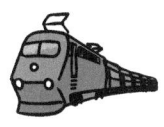

רכבת
....
ባቡር

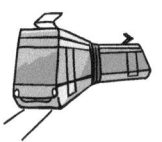

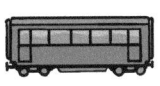

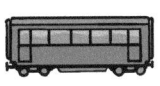

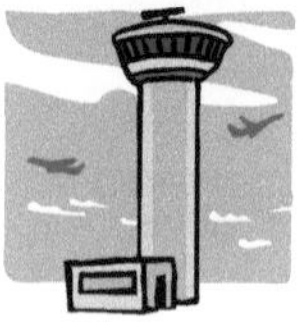

מגדל

ታወር

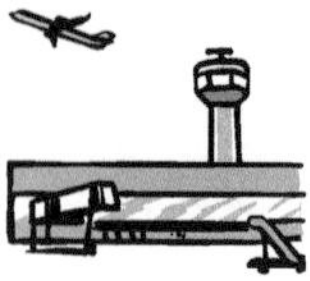

שדה-תעופה

መዓረፊ ነፈርቲ

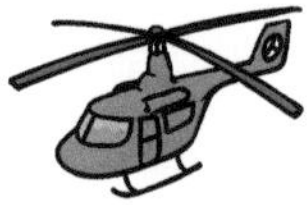

מסוק

ሄሊኮፕተር

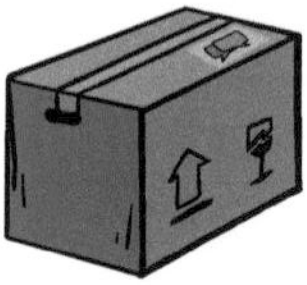

קרטון

ሳንዱቕ ካርቶን

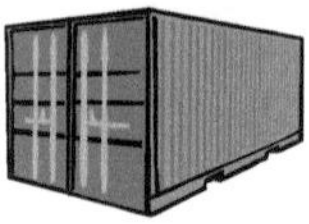

קונטיינר

ኮንተይነር

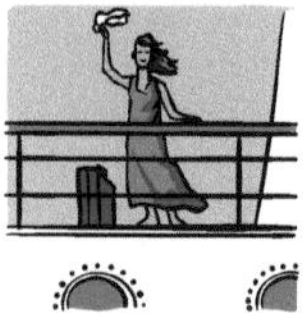

נוסע

ተጓዓዚ

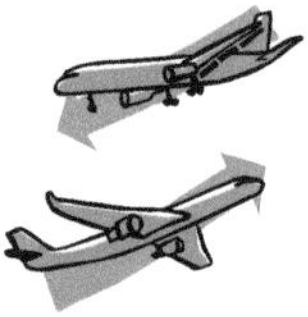

המראה / נחיתה

ተበገሰ / ዓለበ

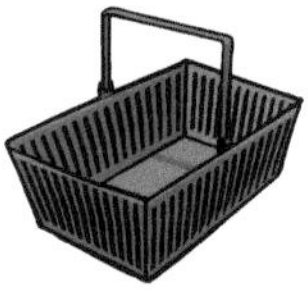

סל

ዘንቢል

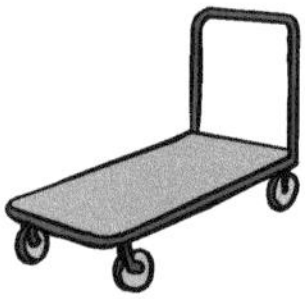

עגלה

ኮርሳ ጽዕነት

עיר

ከተማ

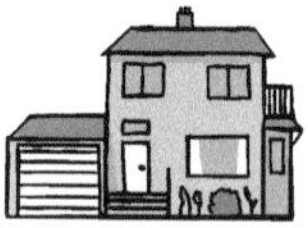

בית

ገዛ

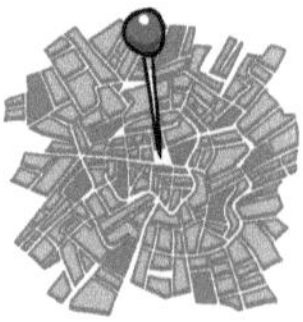

מרכז העיר

ማእከል ከተማ

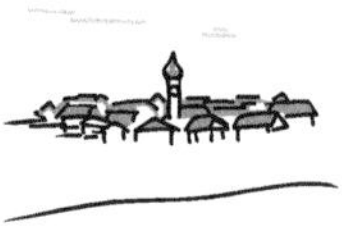

כפר

ቍሸት

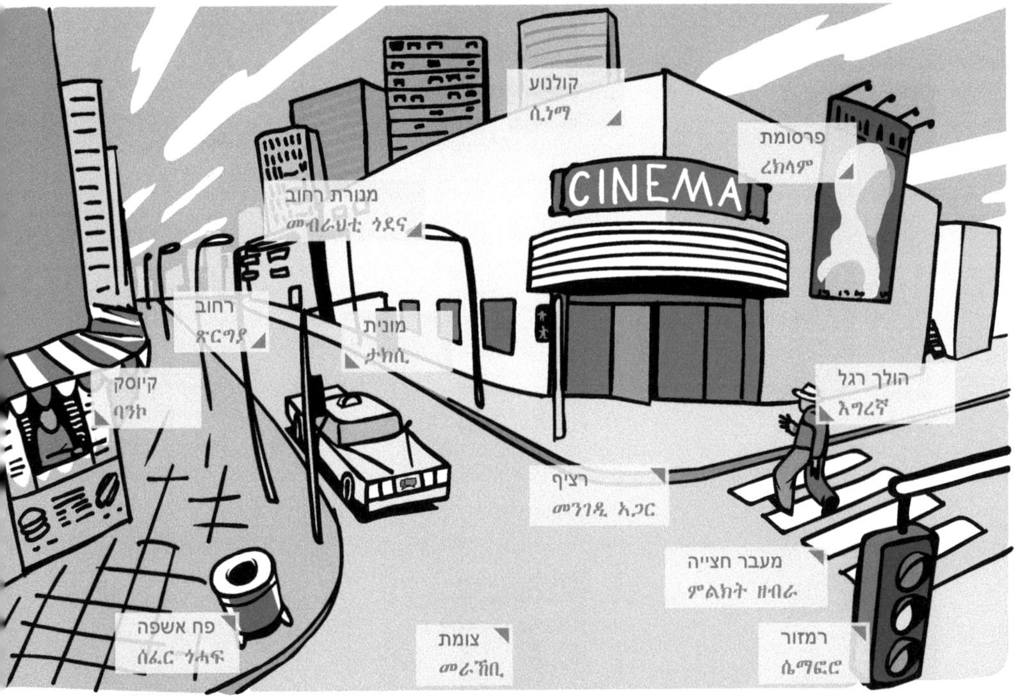

קולנוע
ሲኒማ
פרסומת
מנורת רחוב
רחוב
מונית
ታክሲ
הולך רגל
እግረኛ
רציף
מעבר חצייה
ምልክት ዘብራ
פח אשפה
צומת
רמזור
CINEMA

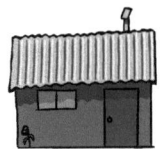

בקתה

ኣጕዶ

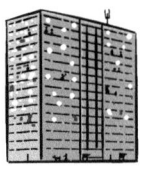

דירה

ኣፓርትመንት

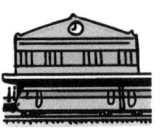

תחנת רכבת

መዕረፊ ባቡር

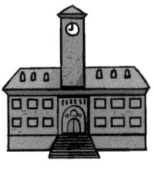

עירייה

ቤት ምምሕዳር

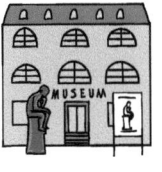

מוזיאון

ቤተ መዘክር

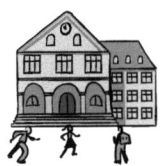

בית ספר

ቤት-ትምህርቲ

בית חולים

....

ሆስፒታል

בנק

....

ባንክ

אוניברסיטה

....

ዩኒቨርሲቲ

משרד

....

ቤት ጽሕፈት

בית מרקחת

....

ቤት መድሃኒት

מלון

....

መቐበሊ ኣጋይሽ

חנות פרחים

....

ዱኳን ዕንባባ

חנות

....

ዱኳን

חנות ספרים

....

ዱኳን መጽሓፍቲ

כל-בו

....

ሹቕ

שוק

....

ዕዳጋ

סופרמרקט

....

ሱፐርማርክት

נמל

....

መርሳ

קניון

....

ሹቕ

מוכר דגים

....

ነጋዳይ ዓሳ

גשר

ድልድል

ספסל

ባንኪ

פארק

መዘናግዒ

מנהרה

ቢንቶ

רכבת תחתית

ባቡር ትሕቲ ምድሪ

מדרגות

መደያይቦ

מסעדה

ቤት-መግቢ

בר

ቤት መስተ

תחנת אוטובוס

መዕረፊ ኣውቶቡስ

מדחן

ሰዓት ፓርኪንግ

שלט רחוב

ታቤላ

תא דואר

ሰታሪት

מסגד

መስጊድ

בריכת שחיה

መሓምበሲ

גן חיות

መካነ እንስሳታት

בית עלמין

መቓብር

זיהום

ብከላ

חווה

ቤት ሕርሻ

בית מקדש

ቤት መቕደስ

מגרש משחקים

ቦታ ምጽዋት

כנסייה

ቤተክርስትያን

נוף

ስእሊ መሬት

עלה
תמרור
መሕበሪ መገዲ
דרך
መገዲ
מרעה
אבן
እምኒ
מטייל
ኮብላሊ
עץ
ኣግራብ
נהר
ፈለግ
דשא
ሰዓሪ
פרח
ዕንባባ

אגם

....

ቀላይ

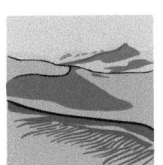

הר

....

ጎቦ

בקעה

....

ስንጭሮ

הר געש

....

እሳተ-ጎመራ

מדבר

....

ምድረ በዳ

יער

....

ዱር

פטריה

....

ቃንጥሻ

קשת בענן

....

ቀስተ-ደመና

טירה

....

ግምቢ

זבוב

....

ሃመማ

יתוש

....

ጣንጡ

דקל

....

ዓርኮብኮባይ

עכביש

....

ሳሬት

דבורה

....

ንህቢ

נמלה

....

ጻጸ

סנאי

ምጽጹላይ

צפרדע

ዕንቅርዖብ

חיפושית

ሕንዚዝ

ינשוף

ጉንጓ

ארנב

ማንቲለ

קיפוד

ቅንፍዝ

חזיר בר

መፍለስ

ברבור

ስዋን

ציפור

ጭሩ

סכר

ግድብ

אייל הקורא

ሙስ

צבי

ዓጋዘን

אקלים

ኩነታት ኣየር

פנל סולארי

ሶላር ስርሓት

טורבינת רוח

ተርባይን ንፋስ

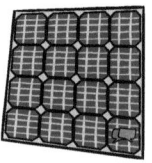

מסעדה

ቤት-መግቢ

מלצר
תפריט
כסא
መንበር
מרק
פיצה
ፒትሳ
סכו"ם
מפת שולחן
ክዳን ጣውላ

קינוח

ድሕረ መግቢ

מנה עיקרית

ቀንዲ መኣዲ

מנת פתיחה

ቅድመ ቀንዲ መግቢ

בקבוק

ጥርሙዝ

אוכל

መግቢ

שתיות

መስተ

קנקן תה

....

ብርጭቆ ሻሂ

אוכל רחוב

....

መግቢ ጽርግያ

מזון מהיר

....

ስሉጥ መግቢ

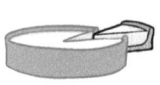

מכונת אספרסו

....

ማሺን ኤስፕረሶ

מנה

....

ክፋል

מסכרת

....

ታኒካ ሽኮር

מגש

....

ታብለት

חשבון

....

ጸብጻብ

כסא תינוק

....

ነዊሕ መንበር

כף

....

ማንካ

מזלג

....

ፋርኪታ

סכין

....

ካራ

כוס

....

ብኬሪ

מפית

....

ሰርቬየተ

כפית

....

ማንካ ሻሂ

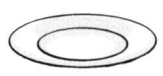

תחתית

....

ትሕቲ ኩባያ

קערת מרק

....

ሽሓኒ መረቕ

צלחת

....

ሽሓኒ

מטחנת פלפל

....

መጥሓን በርበረ

מלחייה

....

ወሃቢ ጨው

רוטב

....

ጸብሒ

תבלינים

....

ቀመም

שמן

....

ዘይቲ

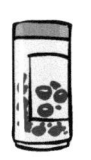

חומץ

....

ኣቸቶ

מיונז

....

ማዩኒዝ

חרדל

....

ኣድሪ

קטשופ

....

ከቹፕ

מבצע
ወፈ.ዖ

FOR

לקוח
ዓሚል

מוצרי חלב
ፍርያታት ጸባ

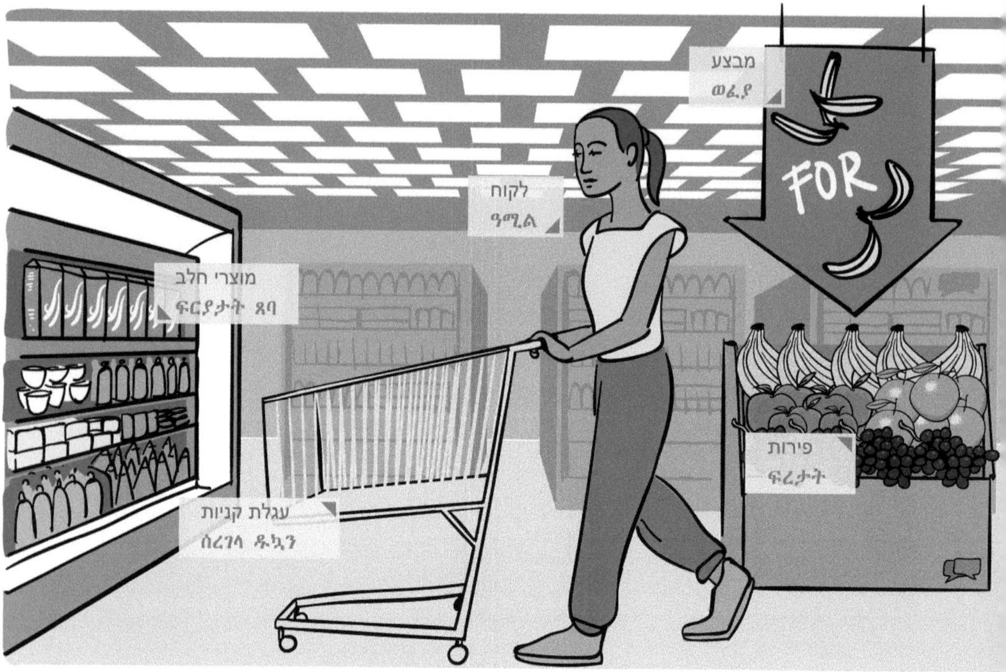

פירות
ፍረታት

עגלת קניות
ስረገላ ዕዮን

אטליז
እንዳ ስጋ

מאפייה
እንዳ ባኒ

שקל
ክብደት

ירקות
ኣሕምልቲ

בשר
ስጋ

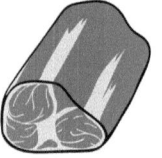

מזון קפוא
መግቢ ፍሪጅ በረድ

אבקת כביסה

....

ኣሞ

שימורים

....

እስቃጥላ

בשר קר

....

ዝሑል ቅሩብ መግቢ

חומר ניקוי

....

ናውቲ መጸረዪ

מוצרי בית

....

ዘቤታውያን ኣቕሑ

ממתקים

....

ምቁር መግቢ

קופאי

....

ተሓዝ ገንዘብ

קופה

....

ካሳ

מוכרת

....

ሸቃጣይ

ארנק

....

ማሕፉዳ

שעות פתיחה

....

ክፉት ሰዓታት

רשימת קניות

....

ዝርዝር ምግዛእ

שקית נילון

....

ፌስታል

תיק

....

ሳንጣ

כרטיס אשראי

....

ክረዲት ካርድ

שתיות

መስተ

חלב

ጸባ

מיץ

ጽማቝ

מים

ማይ

בירה

ቢራ

יין

ነቢት

קולה

ኮላ

תה

ሻሂ

קקאו

ካካው

אלכוהול

ኣልኮል

קפוצ'ינו

ካፑቺኖ

אספרסו

ኤስፕረሶ

קפה

ቡን

אוכל

መግቢ

תפוז

ኣራንሺ

תפוח

ቱፋሕ

בננה

ባናና

גזר

ካሮት

לימון

ለሚን

אבטיח

ብርጭቕ

בצל

ሽጉርቲ

במבוק

ባምቡስ

שום

ጻዕዳ ሽጉርቲ

אטריות

ፓስታ

אגוזים

ፉል

פטריות

ቅንጥሻ

סלט

ሰላጣ

אורז

ሩዝ

ספגטי

ስፓገቲ

פיצה

ፒትሳ

צ'יפס

ቅሉው ድንሽ

צ'יפס

ቅልዋ ድንሽ

שניצל

ቢስተካ

כריך

ፓኒኖ

המבורגר

ሃምቡርገር

נקניקיה

ግዕዝም

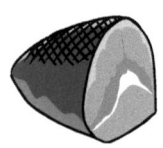

סלאמי

ሳላሚ

שינקין

ሰለፍ ሓሰማ

דג

ዓሳ

טיגון

ቀለወ

עוף

ደርሆ

קורנפלקס

ኮርንፍለይክስ

מוזלי

ሙስሊ

שיבולת שועל

ገዓት

לחמנייה

ባኒ

קרואסון

ክሮሶን

קמח

ሓርጭ

עוגיות

ብሽኮቲ

טוסט

ቶስት

לחם

ባኒ

עוגה

ፓስተ

גבינה לבנה

ርግኦ

חמאה

ጠስሚ

גבינה

ፋርማጆ

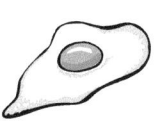

ביצת עין

ቅሉው እንቋቑሓ

ביצה

እንቋቑሓ

דבש

መዓር

סוכר

ሽኮር

גלידה

አይስ ክሪም

קארי

ኩሪ

ממרח נוגט

ኑጋት-ክረም

ריבה

ጀም

בית חווה / ቤት ሕርሻ

אסם / መኽዘን

חבילת שחת / ሓሰር ቦንዳ

שדה / ግራት

סוס / ፈረስ

עגלת נגרר / ተስሓቢ

סייח / ጊሎ

טרקטור / ትራክተር

חמור / አድጊ

טלה / ዕየት

כבש / በጊዕ

עז
....
ጤል

פרה
....
ብዕራይ

עגל
....
ምራኽ

חזיר
....
ሓሰማ

חזרזיר
....
ውላድ ሓሰማ

שור
....
አርሓ

אווז

ዓዓ

ברווז

ማይ ደርሆ

אפרוח

ጫቑት

תרנגולת

ደርሆ

תרנגול

ኣርሓ ደርሆ

חולדה

ኣንጨዋ ዓባይ

חתול

ድሙ

עכבר

ኣንጭዋ

שור

ብዕራይ

כלב

ከልቢ

מלונה

ኣጕዶ ከልቢ

צינור השקיה

ቱባ ጀርዲን

קנקן מים

መዝፈፊ ማይ

חרמש

ዓቢ ማዕጺድ

מחרשה

ማሕረሻ

קלשון

መስአ

מגרפה

ጭኽሮ

מגל

ማዕጺድ

שוקת

ጋብላ

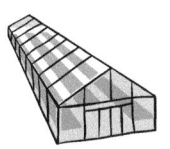

מריצה

ዓረብያ ኢድ

גרזן

ፋስ

גדר

ሓጹር

שק

ክሻ

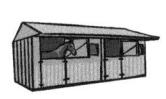

כד חלב

ብርጭቆ ጸባ

אדמה

ባይታ

חממה

ቐጠልያ ገዛ

אורווה

መጓሰስ

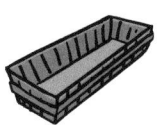

מקצרה

ዘጣምር ቀውዓይ

דשן

ድኹዒ

זרע

ዘርኢ

בטטה אפריקנית

ድንሽ ያም

קציר

ጻማ

קצר

ቀውዐ

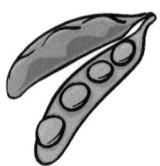

תפוח אדמה

ድንሽ

סויה

ሶያ

חיטה

ስርናይ

עץ פירות

ገረብ ፍረታት

קנולה

ራፕስ

תירס

ዕፉን

דגנים

ኣእኽል

קסבה

ማኒኦክ

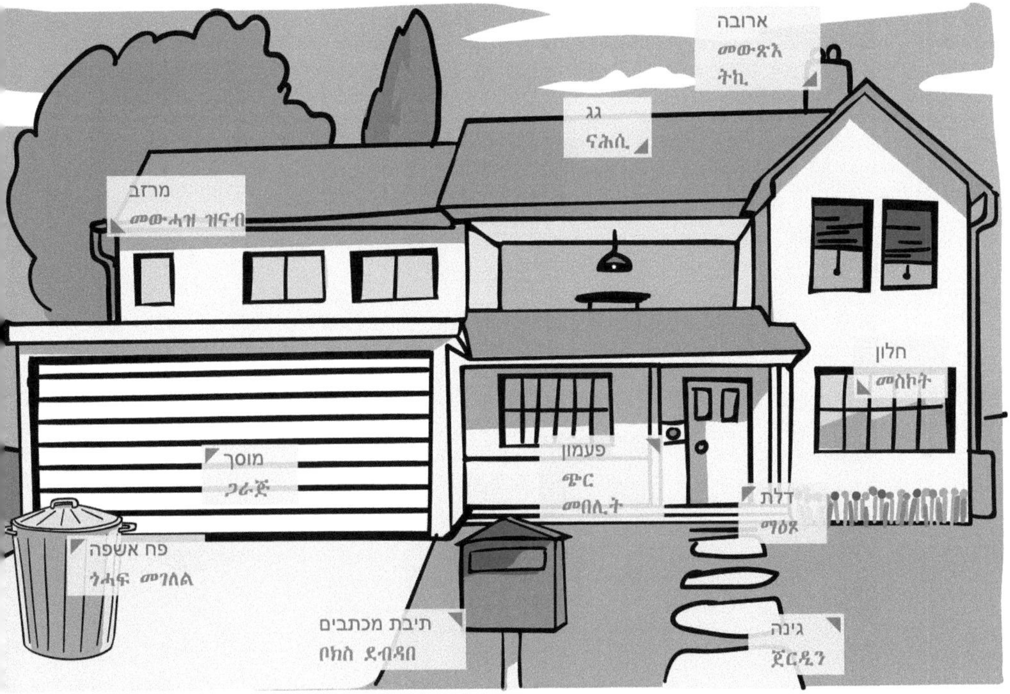

ארובה
መውጽእ
ትኪ.

גג
ናሕሲ.

מרזב
መውሓዝ ዝናብ

חלון
መስኮት

מוסך
ጋራጅ

פעמון
ጭር
መዐሊትት

דלת
ማዕጾ

פח אשפה
ጎሓፍ መገለል

תיבת מכתבים
ቦክስ ደብዳበ

גינה
ጀርዲን

סלון

ክፍሊ ምቕማጥ

חדר אמבטיה

ክፍሊ ባንዮ

מטבח

ክሽን

חדר שינה

ክፍሊ መደቀሲ.

חדר ילדים

ክፍሊ ቆልዑ

חדר אוכל

መመገቢ ክፍሊ.

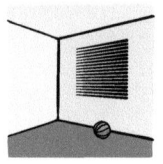

תקרה

ከቦርታ

קיר

መንደቕ

רצפה

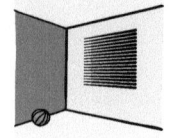

ባይታ

מרפסת

ባልኮን

סאונה

ሳውና

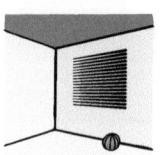

מרתף

ካንቲና

מכסחת דשא

መቑረጺ ሳዕሪ

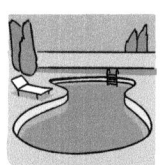

בריכה

መሕምበሲ

מרפסת

ዛላ

מיטה

ዓራት

כיסוי מיטה

ከቦርታ ዓራት

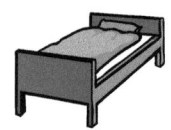

סדין

ኣንሶላ ዓራት

מפסק

መወልዒት

דלי

መገለል

מטאטא

መኽስተር

סלון

ክፍሊ ምቕማጥ

טפט
ወረቐት መንደቕ
תמונה
ስእሊ
מדף
ארון
מנורה
טלוויזיה
אח
פרח
ዕንባባ
כרית
መተርኣስ
ספה
ሳሎን
אגרטל
שלט רחוק
ሪሞት

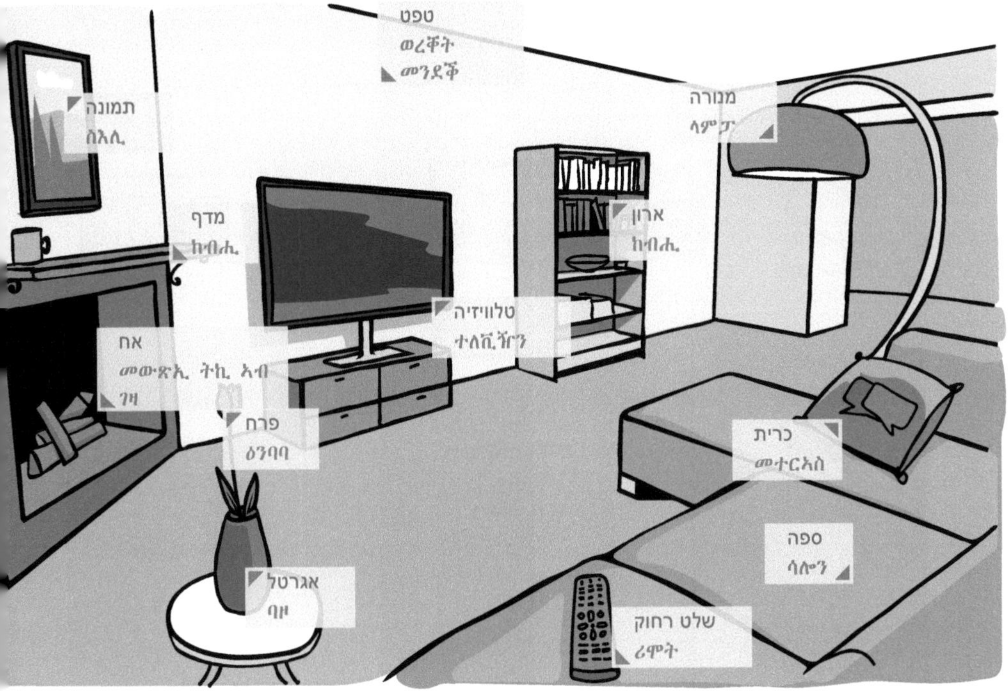

שטיח

መንጸፍ

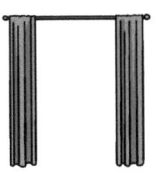

וילון

መጋረጃ

שולחן

ጣውላ

כסא

መንበር

כיסא נדנדה

ሰለል ዝብል መንበር

כורסה

መንበር ምቹእ

דקורציה

ስልማት

שמיכה

ክቦርታ

ספר

መጽሓፍ

מערכת סטריאו

ስተረዮ

סרט

ፊልም

עצי הסקה

እንጨይቲ ሓዊ

ציור

ቕብኣ

עיתון

ጋዜጣ

מפתח

መፍትሕ

מחברת

ጥራዝ

רדיו

ረድዮ

פוסטר

ፖስተር

נר

ሽምዓ

קקטוס

በለስ

שואב אבק

መልገሲ ደሮና

מטבח

ክሽነ

מיקרוגל
מקרר
ሚዛን ክሽነ
טוסטר
ቶስተር
חומר ניקוי
መጽረዪ
תנור
እቶን
מקפיא
פח אשפה
ጎሓፍ መገለል
מדיח כלים
መጽረዪ ኣቕሑ መግቢ

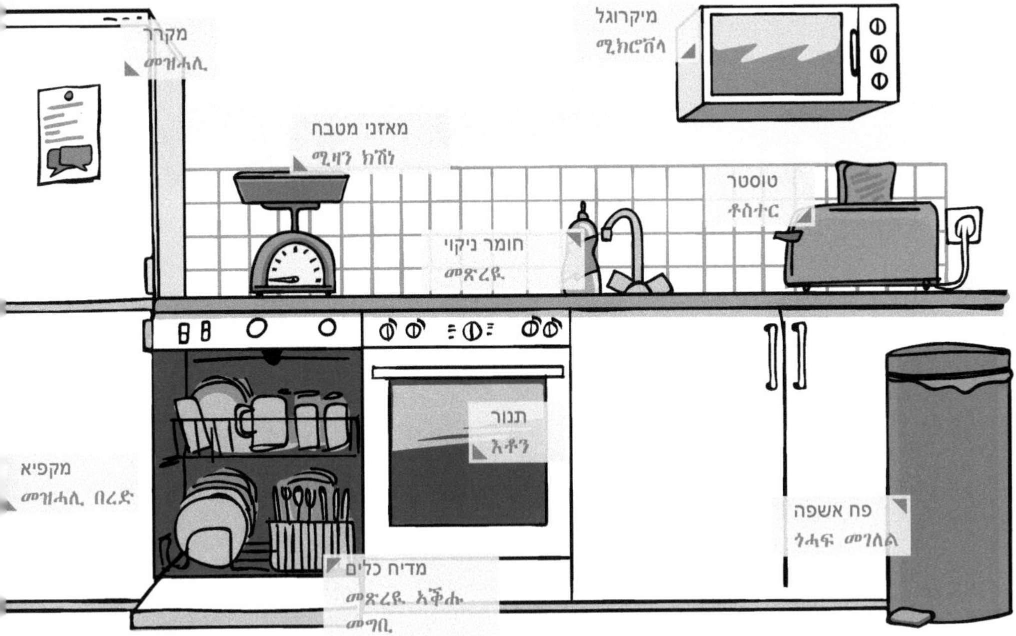

תנור

መኽሸኒ

סיר

ድስቲ

סיר ברזל

ድስቲ ሓጺን

ווק

ቮክ/ካዳይ

מחבת

ባደላ

קומקום חשמלי

መውዓዪ ማይ

כלי אוכל

....

ኣቕሑ መግቢ

מגש אפייה

....

ጓንቴራ ምስንካት

מאדה

....

መፍልሒ

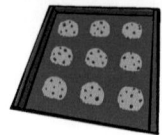

צ'ופסטיקס

....

ማንካቺና

קערה

....

ጭሖሎ

ספל

....

ብርጭቆ

מטרפה

....

መኾስተር ውርጪ

מרית

....

መገልበጢ ባደላ

מצקת

....

ማንካ መረቕ

מגרדת

....

መፋሕፍሒ

מסננת

....

መንፊት

מסננת בישול

....

መንፊት መግቢ

מדורה

....

ስፍራ ሓዊ

גריל

....

ባርቢክዩ

מכתש

....

ሞርታር

פותחן פקקים

መኽፈት ቡሽ

מערוך

እንጨይቲ ኲረር

קרש חיתוך

እንጨይቲ ምምታር

מטלית

ጨርቂ ድስቲ

פותחן קופסאות

መኽፈቲ ታኒካ

פחית

ታኒካ

ספוג

ሰፍነግ

מברשת

ኣስባስላ

כיור

ቡምባ

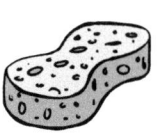

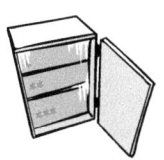

בקבוק לתינוק

ጥርሙዝ ማማይ

מקפיא

መዝሓሊ በረድ

בלנדר

ሓዋሲ ኣደባላቒ

ברז

ቡምባ ማይ

חדר אמבטיה

ክፍሊ ባኞ

חימום
מקלחת
መሕጸቢ ሻወር
מגבת
וילון מקלחת
ሻወር መጋረጃ
אמבטיית קצף
መሕጸቢ ዓፍራ
אמבטיה
ባኞ መሕጸቢ
כוס
ብኬሪ
מכונת כביסה
ברז
ቡምባ ማይ
אריחים
סיר לילה
ድስቲ
כיור
ቡምባ

בידה

በዴ

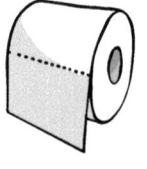

אסלת כריעה

ሽቓቕ ኮፍ

אסלה

ሽቓቕ

מברשת אסלה

ኣስባስላ ሽቓቕ

נייר טואלט

ወረቐት ሽቓቕ

משתנה

ሽቓቕ ተባዕታይ

חוט דנטלי

ሃሪ ስኒ

משחת שיניים

ክረማ ስኒ

מברשת שיניים

ኣስባስላ ስኒ

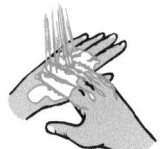

צינור שטיפה לשירותים

ዱሽ

מקלחת יד

ዱሽ ኢድ

שטף

ሓጸበ

סבון

ሳምና

מברשת גב

ኣስባስላ ሕቖ

קערת רחצה

ብርጭቆ ምሕጻብ

ליפה

ጨርቂ መሕጸቢ

שמפו

ሻምፑ

ג'ל רחצה

ሻወር ጀል

דיאודורנט

ደዮ ጨና

קרם

ክረማ

ניקוז

መውሓዚ

סכין גילוח

መላጸ

מראת יד

ናይ ኢድ መስትያት

מראה

መስትያት

מסרק

መመሸጥ

אפטרשייב

ጨና ድሕሪ ምልጻይ

קצף גילוח

ዓፍራ ምልጻይ

ספריי לשיער

ስፕረይ ጸጉሪ

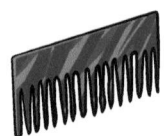

מייבש שיעור

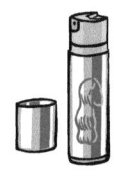

መንቐጺ ጸጉሪ

מברשת

ኣስባስላ

לק

ኣዝማልቶ

שפתון

ብርዒ ቀለም ከንፈር

איפור

መመላኽዒ

בושם

ጨና

מספריים לציפורניים

መስደዲ ጽፍሪ

צמר גפן

ጸምሪ ጡጥ

משקל

ሚዛን

שרפרף

ድኳ

תיק כלי רחצה

ሳንጣ መሕጸቢ

טמפון

ታምፖን

כפפות גומי

ጓንቲ መጸረዪ

חלוק רחצה

ክዳን መሕጸቢ

שירותים כימיקליים

ሽቓቕ ከሚስትሪ

תחבושת סניטרית

ጨርቂ ሰበይቲ

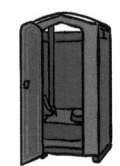

חדר ילדים
ክፍሊ ቆልዑ

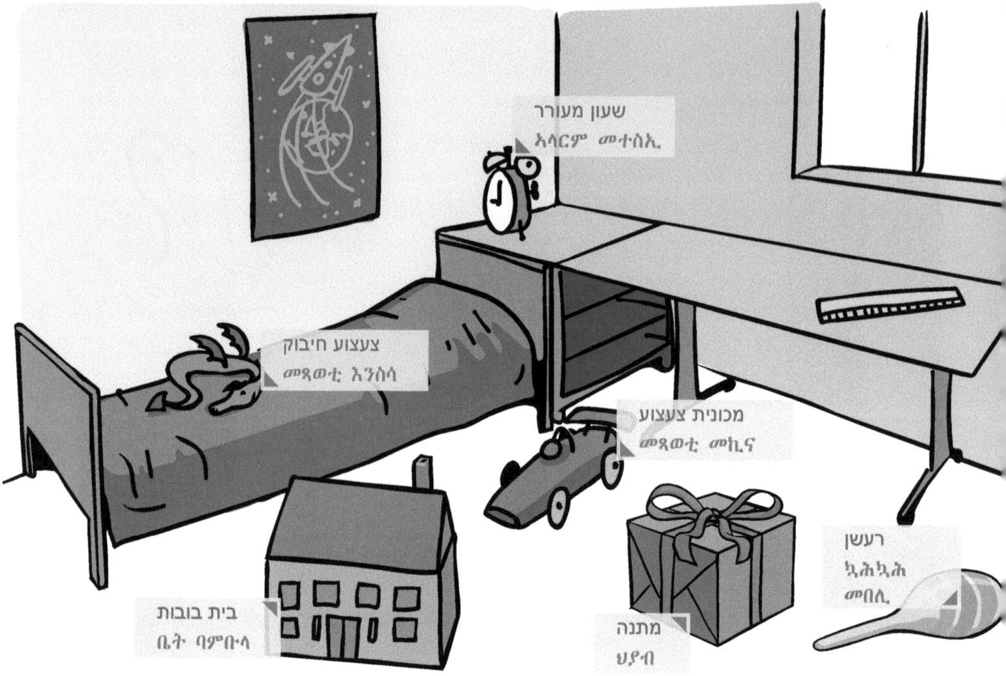

שעון מעורר
ኣላርም መተስኢ
צעצוע חיבוק
መጻወቲ እንስሳ
מכונית צעצוע
መጻወቲ መኪና
רעשן
መበሊ
בית בובות
ቤት ባምቡላ
מתנה
ህያብ

בלון
ባላንችና

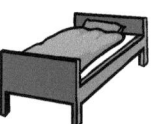

מיטה
ዓራት

עגלה
ሰረገላ ህጻን

משחק קלפים
ጸወታ ካርታ

פאזל
ሕንቅሊተይ

קומיקס
ኮሚዲ

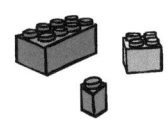

דמות משחק

በዓል ኣክቾን

קוביות משחק

መጻወቲ እምንታት

לגו

እምንታት መጻወቲ ለጎ

נייד

ሞባይል ማማይ

פריזבי

ፍሪስቢ

סרבל תינוקות

ክዳን ማማይ

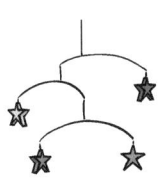

רכבת צעצוע

ሞደል ባቡር ምድሪ

קוביה

ኲቦ

משחק לוח

ጸወታ ሰሌዳ

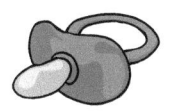

אלבום תמונות

መጽሓፍ ስእሊ

מסיבה

ፓርቲ

מוצץ

ዓባስ

שיחק

ተጻወተ

בובה

ባምቡላ

כדור

ኲዕሶ

צעצועים

መጻወቲታት

נדנדה

ሰላል

ארגז חול

መጻወቲ ሑጻ

דובון

ተዲ

אופניים תלת גלגלי

መጻወቲ ሰለስተ መንኮርኮር

קונסולת משחקים

ኮንሶል ቪድዮ

ארון בגדים

ክብሒ ክዳን

בגדים

ክዳን

גרביון

ስረ ካልሲ

גרביונים

ነዊሕ ካልስታት

גרביים

ካልስታት

צעיף
מטריה
חולצת טי
ማልያ
חגורה
מגפיים
נעלי ספורט
ስኒከርስ
נעלי בית

סנדלים

ሸበጥ

נעליים

ጫማ

מגפי גומי

ረፋዕ ጎማ

תחתונים

ሙታንታ

חזייה

ክዳን ጡብ

וסט

ትሕተ ካሚቻ

ג'ינס

ጂንስ

מכנסיים

ስረ

גוף

ቦዲ

חולצה

ካሚቻ

חולצה מכופתרת

ካምቻ

חצאית

ቀምሽ

בלייזר

ጃኬት

סווצ׳ר עם קפוצ׳ון

ጎልፎ

אפודה

ጉልፎ

מעיל גשם

ክዳን ዝናብ

מעיל

ጁባ

ז'קט

ጃከት

שמלת כלה

ቀምሽ መርዓ

שמלה

ቀምሽ

תלבושת

ኮስቱም

פיג'מה

....

ክዳን ለይቲ

כותונת לילה

....

ካሚቻ ለይቲ

חליפה

....

ልብሲ

טורבן

....

ቱርባን

מטפחת ראש

....

መሃረብ ርእሲ

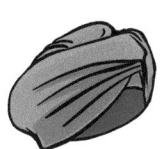

סארי

....

ሳሪ

עבאיה

....

ኣባያ

קאפטן

....

ካፍታን

בורקה

....

ቡርካ

מכנסיים קצרים

....

ሓጺር ስረ

בגד ים

....

ስረ መሕምበሲ

בגד ים

....

ክዳን መሕምበሲ

כפפות

....

ጓንቲ

סינר

....

በጃ ክዳን

בגד אימון

....

ክዳን ታዕሊም

צמיד יד

በንናጅር

משקפיים

መነጽር

כפתור

መልጎም

עגיל

ኩትሻ

טבעת

ቀለበት

שרשרת

ማዕተብ

כובע

ባርኔጣ

קולב

መንበሪ ጁባ

כובע

ቆብዕ

קסדה

ሀልመት

רוכסן

ሻርነጣ

עניבה

ካርራቫት

מדים

ድቢዛ

תלבושת בית ספר

ድቢዛ ቤትትምህርቲ

כתפיות

መድልደል ስረ

מפית אוכל

ሰደርያ ቆልዓ

מוצץ

ዓባስ

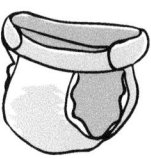

חיתול

ጨርቂ ማማይ

משרד

ቤት ጽሕፈት

שרת
ሰርቨር
תיקייה
ክብሒ ሰነድ
מדפסת
ፕሪንተር
נייר
ወረቐት
מסך
ሞኒቶር
שולחן עבודה
ጣውላ ምጽሓፍ
עכבר
ኣንጭዋ
תיק
מקלדת
ኪቦርድ
כסא
መንበር
סל נייר
ጎሓፍ ወረቐት
מחשב
ኮምፒተር

ספל קפה

ብርጭቆ ቡን

מחשבון

ካልኩለተር

אינטרנט

ኢንተርነት

מחשב נייד

ለፕቶፕ

מכתב

ደብዳበ

הודעה

መልእኽቲ

נייד

ሞባይል

רשת

ነትወርክ/መርበብ

מכונת צילום

መቕድሒ ፎቶኮፒ

תוכנה

ሶፍትዌር

טלפון

ተለፎን

שקע

ሶከት ኳረንቲ

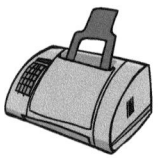

פקס

ፋክስ

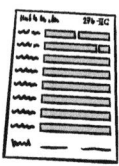

טופס

ፎርም

מסמך

ሰነድ

כלכלה

ቍጠባ

סחר

ንግዲ

שילם

ከፈለ

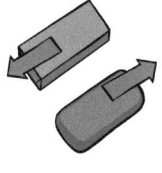

קנה

ገዝአ

יורו

ኦይሮ

דולר

ዶላር

כסף

ገንዘብ

פרנק שווייצרי

ስዊዝ ፍራንከን

רובל

ሩብል

ין

የን

כספומט

መውጽኢ ማሺን ገንዘብ

רופי

ሩፒየ

יואן רנמינבי

ረንሚንቢ ዩዋን

כסף

ብሩር

זהב

ወርቂ

המרת מטבע

ቦታ ቅያር ገንዘብ

מחיר

ዋጋ

אנרגיה

ሓይሊ

נפט

ዘይቲ

מנייה

እኩብ ጥረ-ነገራት

מס

ቀረጽ

חוזה

ውዕል

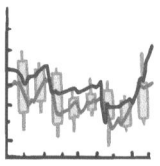

מעסיק

ኣስራሒ

עובד

ሰራሕተኛ

עבד

ሰርሐ

חנות

ዱኳን

מפעל

ትካል

מקצועות

ሞያታት

שוטר
כבאי
መጠፋኢ ሓዊ
טבח
ከሻኒ
רופא
ሓኪም
መራሒ ነፋሪት

תופרת

ሰፋይት

נגר

ጸራቢ ዕንጸይቲ

גנן

ሰራሕተኛ ጀርዲን

שחקן

ተዋሳኢ

כימאי

ቀማሚ

שופט

ፈራዳይ

נהג אוטובוס

መራሒ አዉቶቡስ

נהג מונית

አውቲስታ ታክሲ.

דייג

ገፋፊ ዓሳ

עובדת נקיון

ጸራጊት

מתקן גגות

ሃናጻይ ናሕሲ.

מלצר

አሰላፊ

צייד

ሃዳናይ

צייר

ሰኣላይ

אופה

እንዳ ሕብስቲ

חשמלאי

ኤለትሪከኛ

עובד בניין

ሃናጺ አባይቲ

מהנדס

ሃንዳሲ.

קצב

ሰራሕተኛ እንዳ ስጋ

אינסטלטור

ድራብሊኮ

דוור

አማላላሲ ፖስጣ

קופאי

ተሓዝ ገንዘብ

אדריכל

መሃንድስ

חייל

ወተሃደር

כרטיסן

ፊተሪኖ

ספר

ቀምቃማይ

מוכר פרחים

ሰራሕተኛ ዕምባባ

רופא שיניים

ሓኪም ስኒ

קברניט

መራሒ መርከብ

מכונאי

መካኒክ

אימאם

ኢማም

רב

ራቢ

מדען

ተመራማሪ

נזיר

ፊላሲ

כומר

ቀሺ

כלי עבודה

ናውቲ

צבת
פטיש
מברג
מפתח ברגים
פנס
ላምፓዲና

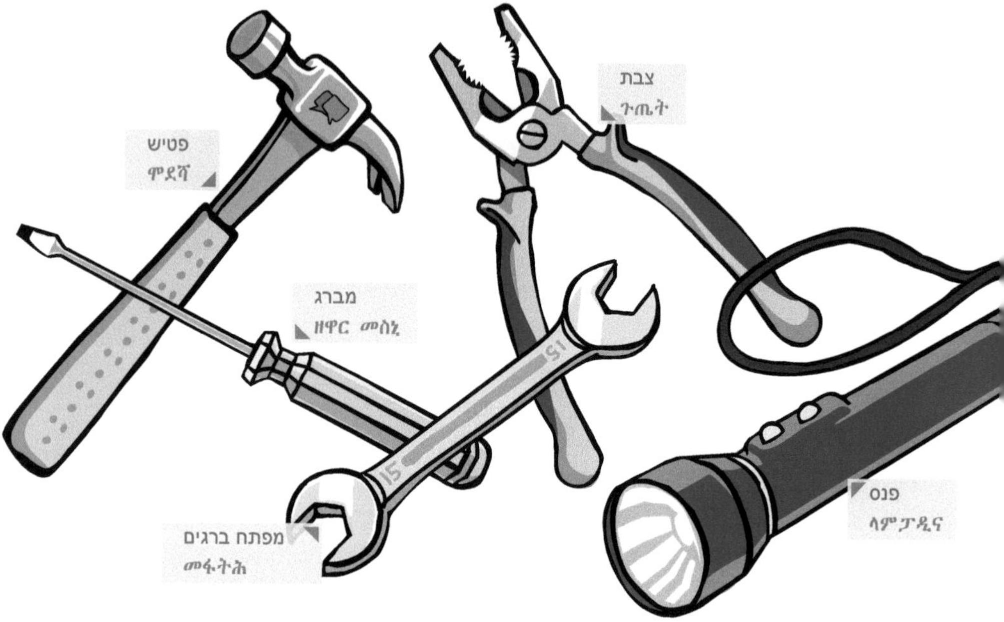

סולם

....

መደያይቦ

ארגז כלים

....

ናውቲ ቦክስ

דחפור

....

ፈሓሪ

מקדחה

....

ኰዓቲ

מסמרים

....

መስማር

מסור

....

መጋዝ

תיקון
....
ምዕራይ

את חפירה
....
ባደላ

לעזאזל!
....
አይ!

יעה
....
መትሓዚ ዶሮና

פח צבע
....
ድስቲ ቀለም

ברגים
....
ካቾቢት

כלי נגינה

መሳርሒ መዚቃ

מערכת תופים
ከበሮታት ◄

רמקול
እስፒከር

גיטרה
ጊታC ◄

קונטראבס
ረጉድ ዓባይ
ጊታC

חצוצרה
ትሮምፔት

בס

ባስ ጊታር

כינור

ቪዮሊን

פסנתר

ፒያኖ

מקלדת פסנתר

ኦርጋን

תופים

ከቦሮ

תוף הדוד

ቲምንኢ

מיקרופון

ሚክሮፎን

חליל

ሻምብቆ

סקסופון

ሳክሶፎን

גן חיות

נמר
כניסה
መእተዊ
כלוב
זברה
አድጊ በረኻ
מזון לחיות
መግቢ እንስሳ
פנדה
ፓንዳ

קנגרו

ካንጋሩ

פיל

ሓርማዝ

בעלי חיים

እንስሳታት

דוב

ድቢ

גורילה

ጉሪላ

קרנף

ሓሪሽ

גמל

ገመል

יען

ሰገን

אריה

ኣንበሳ

קוף

ህበይ

פלמינגו

ፍላሚንጎ

תוכי

ሕንጻይ

דוב הקרח

ድቢ በረድ

פינגווין

ፐንጉን

כריש

ከልቢ ዓሳ

טווס

ጣውስ

נחש

ተመን

תנין

ሓርገጽ

שומר גן החיות

ሓላዊ ቤት ገርድሽ

כלב ים

ዓሳ ዚምገብ እንስሳ ባሕሪ

יגואר

ጃጓር

סוס פוני

ሓጺር ፈረስ

לאופרד

ነብሪ

היפופוטאם

ጕማረ

ג'ירפה

ጂራፍ

נשר

ሊላ

חזיר בר

መፍለስ

דג

ዓሳ

צב

ጎብየ

סוס ים

ዋልሩስ

שועל

ወኻርያ

איילה

ሰስሓ

פוטבול אמריקאי
ናይ ኣሜሪካ ኩዕሶ እግሪ

רכיבת אופניים
ምዝዋር ብሽግለታ

טניס
ተኒስ

כדורסל
ባስኬትባል

שחיה
ም ሕምባስ

אגרוף
ቦክሲንግ

הוקי
ሆኪ በረድ

כדורגל
ኩዕሶ እግሪ

בדמינטון
ባድሚንቶን

אתלטיקה
እስፖርታዊ ንጥፈታት

כדור-יד
ኩዕሶ ኢድ

עשה סקי
ስኪ

פולו
ፖሎ

קפץ
ነጠረ
חיבק
צחק
הלך
שר
חלם
התפלל
ጸለየ
נשק
ሰዓመ

הראה

ኣርኣየ

צייר

ሰኣለ

כתב

ጸሓፈ

לקח

ወሰደ

נתן

ሃበ

דחף

ደፍአ

היה

ኮነ

עשה

ገበረ

יש / להיות הבעלים

ኣለወ

משך

ሰሓበ

רץ

ጎየየ

עמד

ጠጠው በለ

שכב

ሓሰወ

נפל

ወደቐ

זרק

ሰንደወ

ישב

ኮፍ በለ

סחב

ሰከም

חיכה

ተጸበየ

התעורר

ተስአ

ישן

ደቀሰ

התלבש

ተኸድነ

הסתכל ב-

ረኣየ

בכה

በኸየ

ליטף

ብኣጻብዑ ደረዘ

סירק

መሸጠ

דיבר

ተዛረበ

הבין

ተረድአ

שאל

ሓተተ

שמע

ሰምዐ

שתה

ሰተየ

אכל

በልዐ

סידר

ኣቐመጠ

אהב

ኣፍቀረ

בישל

ከሸነ

נהג

ዘወረ

עף

ነፈረ

קרא

ኣንበበ

חישב

ደመረ

שט

ብመርከብ ገየሸ

התחתן

መርዓወ

עבד

ሰርሐ

למד

ተመሃረ

הרג

ቀተለ

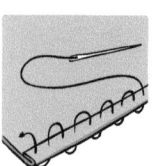

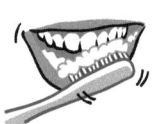

ציחצח שיניים

ጽሬት ኣስናን

תפר

ሰፈየ

שלח

ሰደደ

עישן

ሽጋራ ተከኸ

משפחה

ስድራቤት

סבתא
ዓባየ
סבא
אבא
אימא
תינוק
בת
ጓል
בן

אורח

....

ጋሻ

דודה

....

ሓትኖ

דוד

....

ኣኮ

אח

....

ሓው

אחות

....

ሓፍቲ

גוף

ኣካላት

מצח
ግንባር
עין
ዓይኒ
פנים
ገጽ
סנטר
መንከስ
חזה
ኣፍ-ልቢ
אצבע
ኣጻብዕ
כף יד
ኢድ
זרוע
ምናት
כתף
መንኩብ
רגל
ሽፋን እግሪ

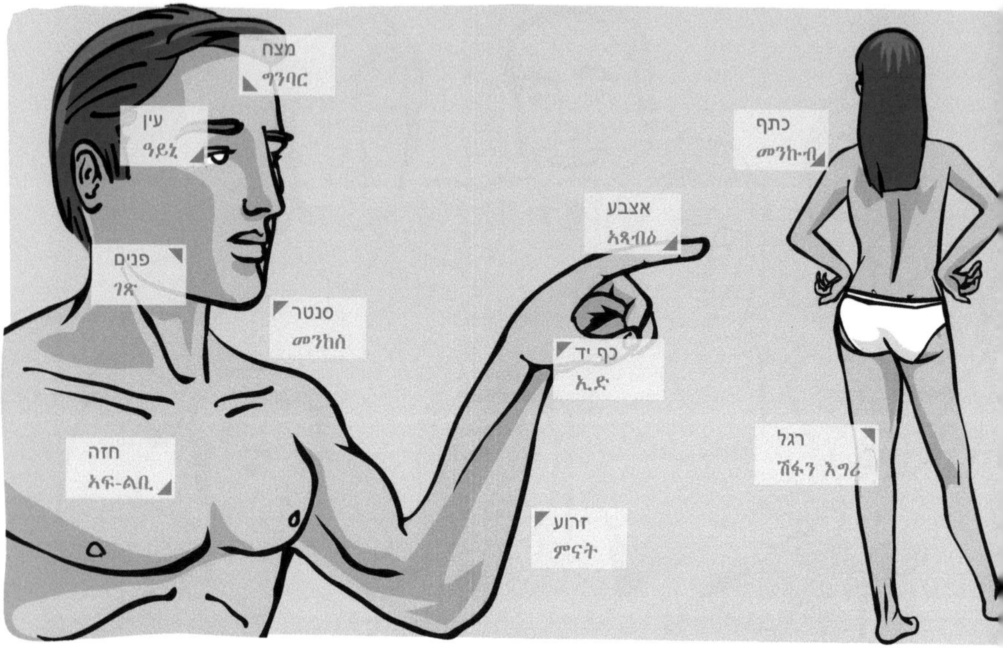

תינוק

ማማይ

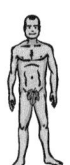

איש

ሰብኣይ

אישה

ሰበይቲ

ילדה

ጓል

ילד

ወዲ

ראש

ርእሲ

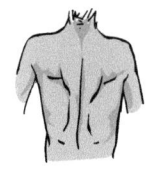

גב

ሕቖ

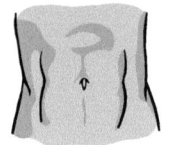

בטן

ከስዐ

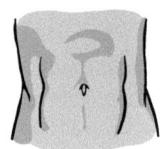

טבור

ሕምብርቲ

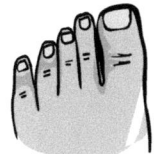

אצבע

ኣጻብዕ እግሪ

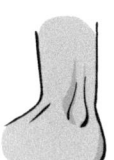

עקב

ኩርኾረ

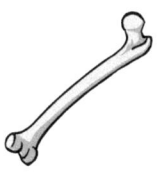

עצם

ዓጽሚ

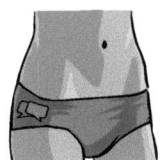

ירך

ምሕኵልቲ

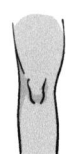

ברך

ብርኪ

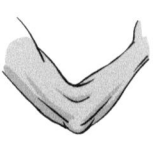

מרפק

ፎግፎጐ

אף

ኣፍንጫ

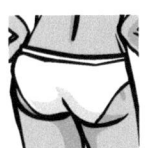

עכוז

መዓኮር

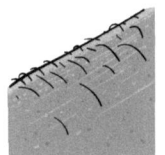

עור

ቆርበት

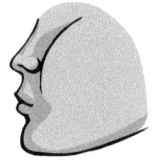

לחי

ምዕጉርቲ

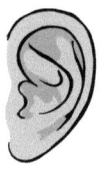

אוזן

እዝኒ

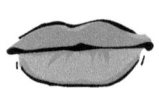

שפתיים

ከንፈር

69

פה

ኣፍ

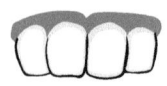

שן

ስኒ

לשון

መልሓስ

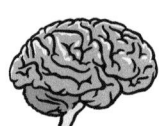

מוח

ሓንጎል

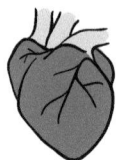

לב

ልቢ

שריר

ጭዋዳ

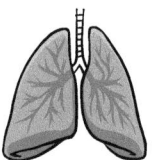

ריאה

ሳንቡእ

כבד

ጸላም ከብዲ

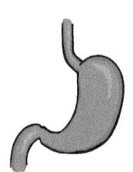

קיבה

ከብዲ

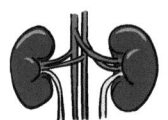

כליות

ኵሊት

מין

ግብረ ስጋ

קונדום

ኮንዶም

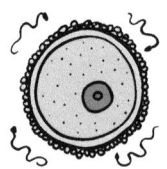

ביצית

እንቋቑሖ

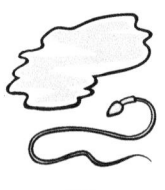

זרע

ዘርኢ ተባዕታይ

הריון

ጥንሲ

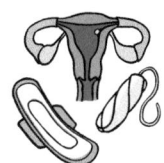

פין

መትሎ

נרתיק

ርሕሚ

ווסת

ጽግያት

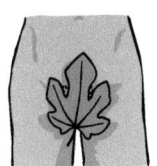

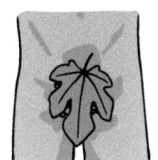

צוואר

ክሳድ

שיער

ጸጉሪ

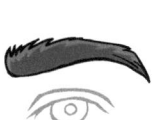

גבה

ሽፋሽፍቲ

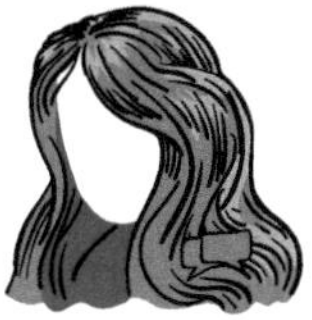

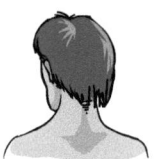

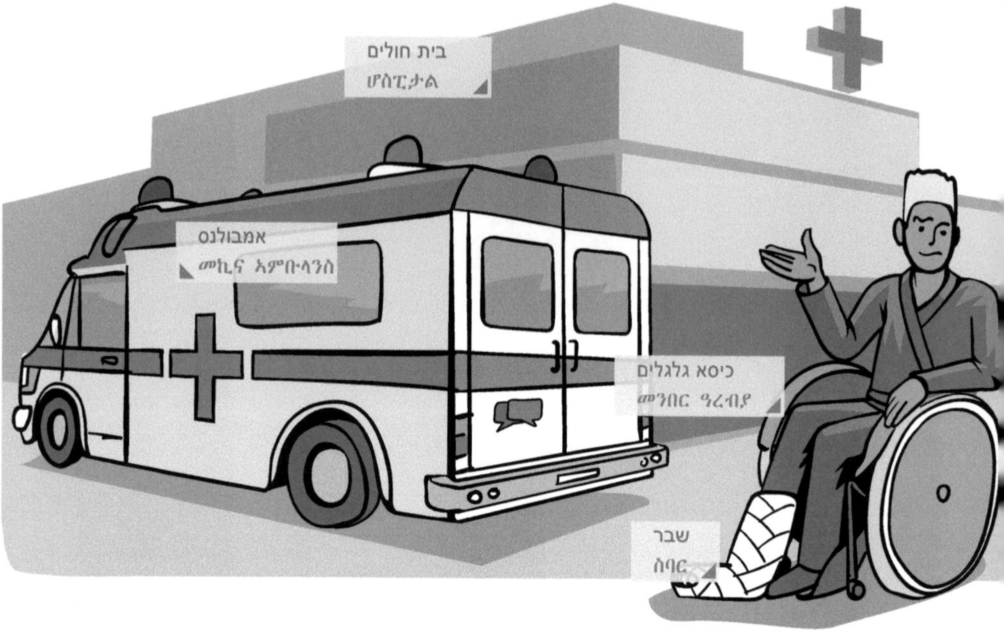

בית חולים

ሆስፒታል

אמבולנס
መኪና ኣምቡላንስ
כיסא גלגלים
መንበር ዓረብያ
שבר

אחות

ኣላይት

חדר מיון

ክፍሊ ህጹጽ ረድኤት

רופא

ሓኪም

כאב

ቃንዛ

חסר הכרה

ውንኡ ዘጥፍአ

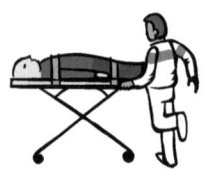

חירום

ህጹጽ ኩነት

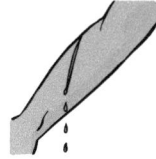

התקף לב

ማህረምቲ

דימום

ደም

פציעה

ጉድኣት

שיעול

ሰዓል

אלרגיה

ኣለርጂ

שבץ

ማህረምቲ

שלשול

ውጽኣት

שפעת

ኢንፍልወንዛ

חום

ረስኒ

סוכרת

ሹኮርያ

סרטן

መንሽሮ

כאב ראש

ቃንዛ ርእሲ

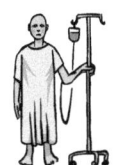

ניתוח

መጥባሕቲ

אזמל

መጥብሒ

מנתח

ሓኪም መጥባሕቲ

ס״י-ט״י

CT

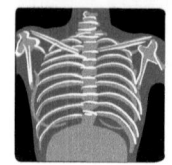

רנטגן

ራጂ

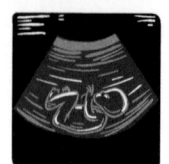

אולטרסאונד

ልዕለ ድምጻዊ

מסיכת פנים

መሸፈኒ ገጽ

מחלה

ሕማም

חדר המתנה

ክፍሊ ምጽባይ

קבה

ምርኩስ

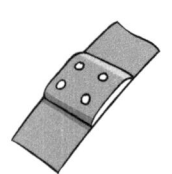

פלסטר

መጀነኒ ቑስሊ

תחבושת

መጀነኒ

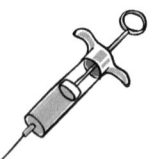

זריקה

መርፍዕ ምውጋእ

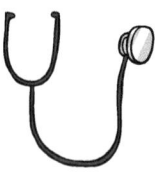

סטטוסקופ

ስተቶስኮፕ

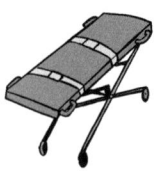

אלונקה

መሰከሚ ሕማም

מד חום

ቴርሞመተር

לידה

ትውልዲ

עודף משקל

ልዕለ-ሚዛን

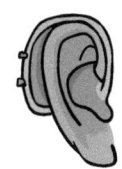

זיהום

ልበዳ

מחטא

ኣንጻሂ

מכשיר שמיעה

ሓገዝ ምስማዕ

תרופה

ሕክምና

איידס

ኤድስ

נגיף

ቫይረስ

גלולה

ከኒና

טבליות

ከኒና

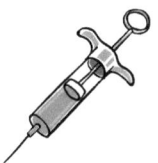

חיסון

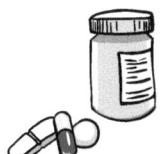

ክታበ

חולה / בריא

ሕሙም / ጥዑይ

מד לחץ דם

መዕቀኒ ጸቕጢ ደም

קריאת חירום

ህጹጽ ምድዋል

חירום

ህጹጽ ኩነት

פשיטה

ምህጃም

אזעקה

ኣላርም

הצילו!

ሓገዝ

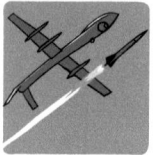

יציאת חירום

ህጹጽ መውጽኢ

סכנה

ድንገት

תקיפה

መጥቃዕቲ

תאונה

ሓደጋ

מטף כיבוי

መጥፍኢ ሓዊ

אש!

ሓዊ!

משטרה

ፖሊስ

הצילו!

SOS

ערכת עזרה ראשונה

ሳንጣ ቀዳማይ ረድኤት

כדור הארץ

ምድሪ

דרום אמריקה

ደቡብ ኣመሪካ

צפון אמריקה

ሰሜን ኣመሪካ

אירופה

ኤውሮጳ

אוסטרליה

ኣውስትራልያ

אסיה

ኤስያ

אפריקה

ኣፍሪቃ

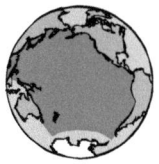

האוקיינוס ההודי

ህንዳዊ ዉቅያኖስ

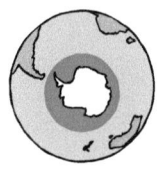

האוקיינוס השקט

ፓሲፊክ

האוקיינוס האטלנטי

ኣትላንቲክ

הקוטב הצפוני

ሰሜናዊ ዋልታ

האוקיינוס הארקטי

ኣርክቲካዊ ዉቅያኖስ

האוקיינוס האנטרקטי

ኣንታርቲካዊ ዉቅያኖስ

כדור הארץ

ምድሪ

אנטארקטיקה

ኣንታርቲካ

הקוטב הדרומי

ደቡባዊ ዋልታ

אי

ደሴት

ים

ባሕሪ

אדמה

መሬት

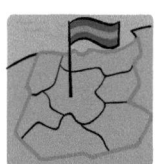

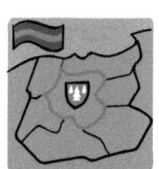

מדינה

ዓዲ

לאום

ሃገር

שעון
ሰዓት

מחוג הדקות

....

ኣመልካቲ ደቓይቕ

מחוג השעות

....

ኣመልካቲ ሰዓታት

פני השעון

....

ገጽ ሰዓት

יום

....

መዓልቲ

מה השעה?

....

ሰዓት ክንደይ ኣሎ?

מחוג השניות

....

ኣመልካቲ ካልኢት

שעון דיגיטלי

....

ዲጂታል ሰዓት

עכשיו

....

ሕጂ

זמן

....

ግዜ

שעה

....

ሰዓት

דקה

....

ደቒቕ

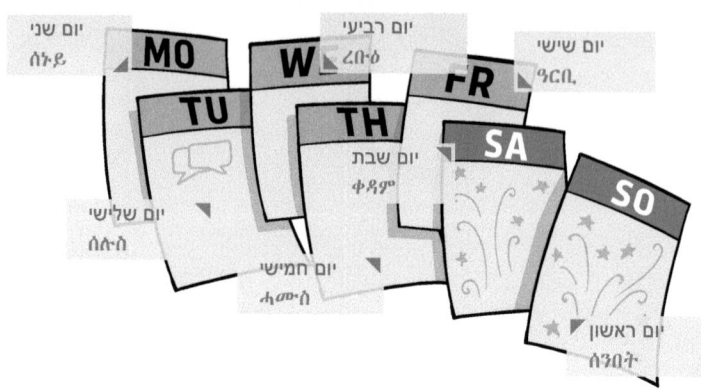

שבוע
ሰሙን

יום שני
ሰኑይ
MO
TU
W
TH
FR
SA
SO
יום רביעי
ረቡዕ
יום שישי
ዓርቢ
יום שבת
ቀዳም
יום שלישי
ሰሉስ
יום חמישי
ሓሙስ
יום ראשון
ሰንበት

אתמול

ትማሊ

היום

ሎሚ

מחר

ጽባሕ

בוקר

ንጉሆ

צהריים

ቀትሪ

ערב

ምሸት

ימי עבודה

መዓልታት ስራሕ

סוף שבוע

መወዳእታ ሰሙን

שנה

ዓመት

גשם
ዝናብ
קשת בענן
ቀስተ-ደመና
שלג
በረድ
רוח
ንፋስ
אביב
סתיו
ቀውዒ
קיץ
ሓጋይ
חורף
ክረምቲ

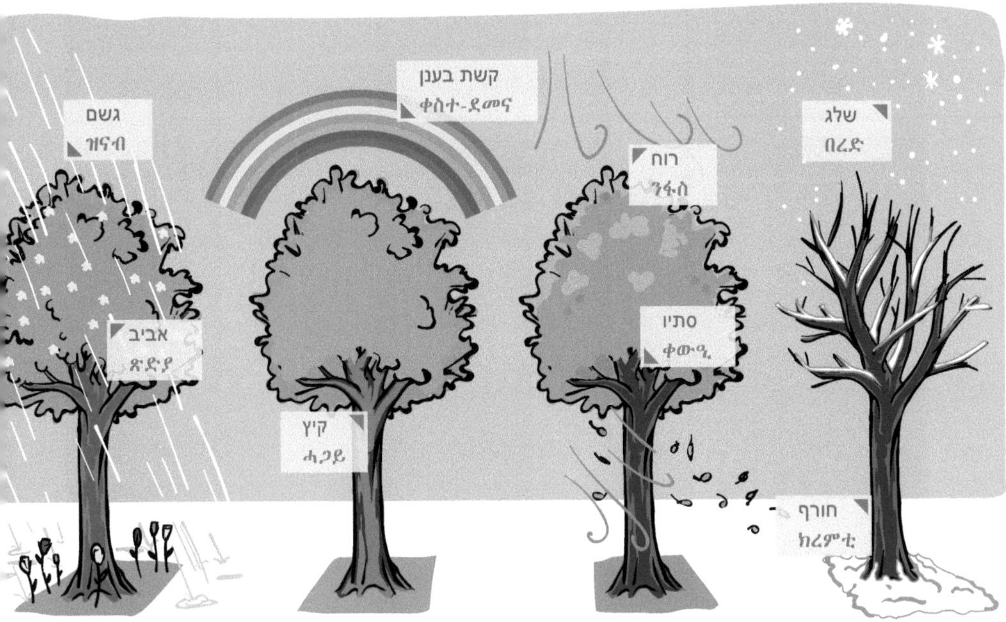

תחזית מזג האוויר

ትንቢት ኩነታት ኣየር

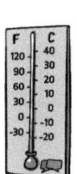

מד חום

ቴርሞመተር

אור שמש

ብርሃን ጸሓይ

ענן

ደበና

ערפל

ግመ

לחות

ጠሊ

סערה

ህቦብላ

רעם

ነጐዳ

ברק

ብርቂ

שיטפון

ውሕጅ

רוח עונתי

ብርቱዕ ህቦብላ

ברד

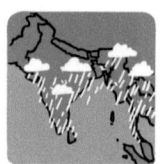

በረድ

פברואר

ለካቲት

ינואר

ጥሪ

קרח

በረድ

מאי

ጉንበት

אפריל

ሚያዝያ

מרץ

መጋቢት

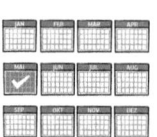

אוגוסט

ነሓሰ

יולי

ሓምለ

יוני

ሰነ

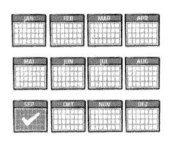

ספטמבר

መስከረም

אוקטובר

ጥቅምቲ

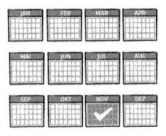

נובמבר

ሕዳር

דצמבר

ታሕሳስ

צורות

ቅርጽታት

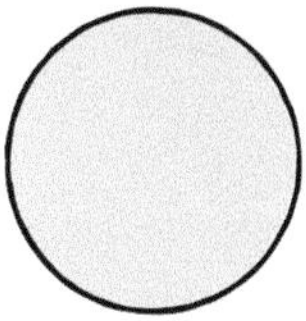

עיגול

ዙርያ

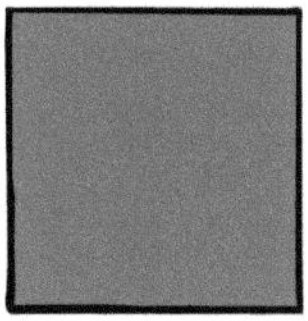

מרובע

ትርብዒት

מלבן

ቅኑዕ ርቡዕ ኩርናዕ

משולש

ስሉስ ኩርናዕ

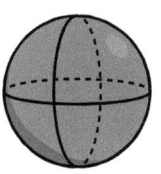

כדור

ክቢ

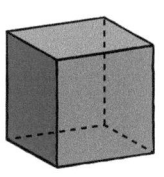

קובייה

ኩቦ

צבעים

ሕብርታት

לבן

ጻዕዳ

צהוב

ብጫ

כתום

ኣራንሺ

ורוד

ፒንክ

אדום

ቀይሕ

סגול

ጁኽ

כחול

ሰማያዊ

ירוק

ቀጠልያ

חום

ቡናዊ

אפור

ሓሙኽሽታይ

שחור

ጸሊም

הפכים

ኣንጻራት

יפה / מכוער

ጽቡቕ / ክፉእ

כועס / רגוע

ሕሩቕ / ሰላማዊ

הרבה / מעט

ብዙሕ / ውሑድ

בהיר / כהה

ብሩህ / ጸልማት

גדול / קטן

ዓቢ / ንእሽቶ

התחלה / סוף

መጀመርያ / መወዳእታ

שלם / חלקי

ምሉእ / ዘይምሉእ

נקי / מלוכלך

ጽሩይ / ርሳሕ

אח / אחות

ሓው / ሓፍት

רחב / צר

ሰፊሕ / ጸቢብ

מת / חי

ሙዉት / ህልው

יום /לילה

መዓልቲ / ለይቲ

מתרגש / משועמם

ርቡጽ / ስልኩይ

רשע / טוב לב

እኩይ / ህያዋይ

אכיל / לא אכיל

ደስ ዘበል / ደስ ዘይብል

חבר / אויב

ዓርኪ / ጸላኢ

ראשון / אחרון

ቀዳማይ / ናይ መወዳእታ

שמן / רזה

ረጊድ / ቀጢን

כבד / קל

ከቢድ / ፈኩስ

קשה / רך

ተሪር / ልስሉስ

מלא / ריק

ምሉእ / ባዶ

בלתי-חוקי / חוקי

ዘይሕጋዊ / ሕጋዊ

חולה / בריא

ሕሙም / ጥዑይ

רעב / צמא

ጥምየት / ጽምየት

קרוב / רחוק

ቐረባ / ርሑቕ

שמאל / ימין

ጸጋም / የማን

נבון / טיפש

መስተውዓሊ / ስዲ

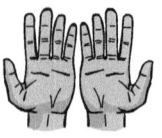

זקן / צעיר

....

ዓቢ/ኣረጊት / መንእሰይ

כלום / משהו

....

ዋላ ሓደ / ገለ

חדש / משומש

....

ሓዲሽ / ብሉይ

שקט / רועש

....

ህዱእ / ዓው

פתוח / סגור

....

ክፉት / ዕጹው

פעיל / כבוי

....

ወልዐ / ኣጥፍእ

מחוספס / חלק

....

ሓርፋፍ / ልሙጽ

נכון / שגוי

....

ቅኑዕ / ግጉይ

עשיר / עני

....

ሃብታም / ድኻ

איטי / מהיר

....

ቀስ / ቅልጡፍ

קצר / ארוך

....

ሓጺር / ነዊሕ

עצוב / שמח

....

ጉሁይ / ሕጉስ

מלחמה / שלום

....

ውግእ / ሰላም

חם / קר

....

ምዉቕ / ዝሑል

רטוב / יבש

....

ጥሉል / ንቑጽ

מספרים

ቁጽርታት

0	1	2
אפס	אחת	שתיים
ዜሮ	ሓደ	ክልተ
3	4	5
שלוש	ארבע	חמש
ሰለስተ	ኣርባዕተ	ሓሙሽተ
6	7	8
שש	שבע	שמונה
ሽዱሽተ	ሸውዓተ	ሸሞንተ
9	10	11
תשע	עשר	אחת-עשרה
ትሽዓተ	ዓሰርተ	ዓሰርተ ሓደ

12

שתים-עשרה

ዓሰርተ ክልተ

13

שלוש-עשרה

ዓሰርተ ሰለስተ

14

ארבע-עשרה

ዓሰርተ ኣርባዕተ

15

חמש-עשרה

ዓሰርተ ሓሙሽተ

16

שש-עשרה

ዓሰርተ ሽዱሽተ

17

שבע-עשרה

ዓሰርተ ሸውዓተ

18

שמונה-עשרה

ዓሰርተ ሸሞንተ

19

תשע-עשרה

ዓሰርተ ትሽዓተ

20

עשרים

ዕስራ

100

מאה

ሚእቲ

1.000

אלף

ሽሕ

1.000.000

מיליון

ሚልዮን

אנגלית

እንግሊዝኛ

אנגלית אמריקאית

ኣመሪካዊ እንግሊዛዊ

סינית מנדרינית

ቻይናዊ ማንዳሪን

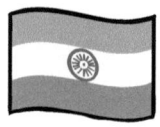

הודית

ሂንዳዊ

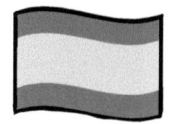

ספרדית

እስጳኛዊ

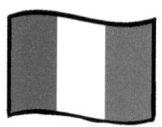

צרפתית

ፈረንሳዊ

ערבית

ዓረባዊ

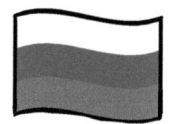

רוסית

ሩሲያዊ

פורטוגזית

ፖርቱጋላዊ

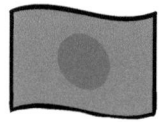

בנגלית

በንጋሊ

גרמנית

ጀርመናዊ

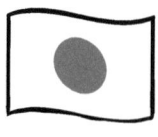

יפנית

ጃፓናዊ

מי / מה / איך

መን / እንታይ / ከመይ

אני

ኣነ

אתה / את

ንስኻ/ኺ

הוא / היא / זה

ንሱ / ንሳ / ንሱ

אנחנו

ንሕና

אתם

ንስኻ

הם

ንሳቶም

מי?

መን?

מה?

እንታይ?

איך?

ከመይ?

איפה?

ኣበይ?

מתי?

መዓስ?

שם

ሽም

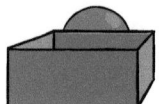

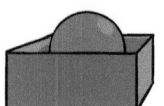

איפה
ኣበይ

לפני

ኣብ ቅድሚ

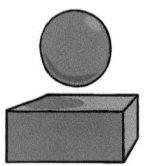

בתוך

ኣብ

מאחור

ድሕሪ

מתחת

ትሕቲ ምድሪ

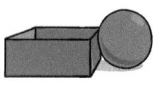

על

ኣብ ልዕሊ

מעל

ኣብ ላዕሊ

מקום

ቦታ

בין

ኣብ መንጎ

ליד

ኣብ ጥቓ

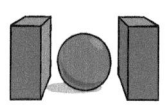